KB274061

How About You?

How About You?

하우 어바웃 유? | 오오카와 류우호오 지음 |

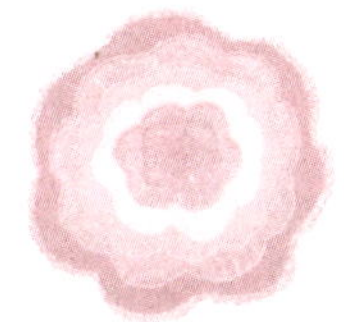

가림출판사

책머리에

《커피 브레이크》, 《티타임》, 《아임 파인》에 이어서 편하게 읽을 수 있으면서 생활에 조그마한 지침이 되어줄 수 있는 사고방식의 책을 써 보았습니다.

본서의 테마를 말하자면 '질투와 산뜻함의 관계'입니다.

사실은 《유령이 되지 않고 인생을 살아가는 법》이라는 제목을 붙이고 싶었지만 이런 제목이라면 열차 안이나 카페에서는 읽을 수 없을지도 모르지요.

"How Are You?", "I'm Fine, Thank You", "How About You?"라는 영어 회화에 나오는 표현처럼 자기 자신의 행복한 생활을 배려한 책입니다.

행복의 과학 총재 오오카와 류우호오(大川隆法)

Contents

Part 2
당신의 사랑은 진짜 사랑입니까?

Part 3
당신의 마음은 산뜻합니까?

사랑이란 무엇일까?

소박하고 솔직하게
"사랑이란 무엇일까?"라고 질문 받을 때
얼마만큼의 사람이
정확하고 간결한 답을 할 수가
있겠습니까?

"당신이 평소에 말하고 있는
'사랑'이 아주 중요하다는 것은 잘 알았다.
그런데 그 사랑이란 대체 무엇인가?"
라고 물어오면 적절하게 대답할 수 있습니까?

그렇습니다.
형식적인 말이 아닌
더욱 간단하고 알기 쉬운 자기자신의 말로
설명할 수 있어야 합니다.
그것을 못한다면

아직 깨달음이 진짜가 아니라는 것입니다.

그래서
"'사랑이란 무엇일까?' 에 대하여
여러 가지로 생각해 보자.
사랑을 더더욱 심화해 보자.
사랑을 더더욱 간단하게 말해 보자"라고
나는 제안하고 싶습니다.

How About You?

당신은 사랑에
흔들리고 있지 않습니까?
(Real Love Gives Freedom)

'질투심' 하면 떠오르는
영화 '괴담'

'질투심에 휘둘리지 않기 위한 방법' 에 대해 이야기 하겠습니다.

'질투심' 이라는 테마에 대해 떠오르는 것이 2007년 공개된 일본 영화 '괴담' 입니다.

이 영화는 솔직히 말해 여러분에게 그다지 권하고 싶지 않고, 나 자신도 종교가라는 길에 들어서고 나서는 될 수 있는 대로 공포영화는 피해 왔습니다.

다만 직업상 이런 종류의 영화를 연구 대상으로 삼게 되는 법이고 '직업배우가 연기하는 유령은 어느 정도로 무서운가?' 에 대해서는 관심을 가지고 있습니다.

그래서 '이것은 한 번 봐두지 않으면 안되는 영화'라는 생각으로 관람하게 되었던 것입니다.

이 영화를 보지 않은 분들을 위해 먼저 스토리를 간단하게 설명하고자 합니다.

꽃미남과 사랑에 빠진 미인의 이야기

시대적 배경은 일본의 에도시대(江戸時代) 말기입니다.

에도(江戸)의 마을에 샤미센(三味線, 일본의 발현악기, 4개의 판자를 합친 통에다 긴 지판을 달고 그 위에 비단실로 꼰 세 줄의 현을 친 것)을 연주하면서 이야기하는 기술을 가르치는 여선생이 있었습니다. 이제 곧 마흔이 되어가는 독신의 아름다운 여선생이었습니다.

그 선생의 집에는 이웃에 살고 있는 담배를 파는 젊은 남자가 자주 들락거리고 있었는데 어느새 그 미남자와 깊은 관계가 되어서 자신의 남편처럼 대하게 되었습니다. 거기에서부터 이야기의 발단이 시작됩니다.

그 남자는 여선생보다 많이 어려서 이제 스무 살이 갓 넘었는데 두 사람은 깊이 사랑하게 됩니다.

그러나 여선생은 자신에게 샤미센을 배우러 오는 젊은 여제자

와 그 남자의 관계를 의심하기 시작하여 '젊은 여자를 좋아하게
된 것이 아니냐?' 라고 생각하면서 질투에 사로잡히게 됩니다.

어느 날 여선생은 얼굴의 상처가 덧나서 얼굴이 바위처럼 울
퉁불퉁해지고 말았습니다. 그래도 남자는 여선생을 저버리지 않
고 간병하였습니다.

그런데 불꽃놀이를 하는 밤, 남자가 젊은 여제자와 밖에서 놀
고 있는 동안에 여선생은 몸의 상태가 나빠져서 죽게 되었습니
다. 그리하여 그대로 유령이 되어버렸던 것입니다.

여선생은 마지막에 '다른 여자와 결혼하면 죽여버리겠다' 라
는 글을 남기고 죽었습니다.

그 이후, 남자가 다른 여성과 결혼하려고 할 때마다 반드시 여
선생의 유령이 나타나서 상대의 여성을 죽여버리는 것입니다.

영화 '괴담' 은 대략 이런 스토리입니다.

실제로 영화를 보면 여자 주인공의 연기가 꽤 좋았다는 것과
컴퓨터 그래픽의 효과 때문인지 무서운 느낌이 한층 더 강했습
니다.

나도 무섭다고 느끼면서 보고 있었는데 작품을 통해 느낀 것
이 있습니다.

그것은 '사람이 유령이 되는 원인이 여기에 있다' 는 것입니다.

이 영화는 남녀의 이야기가 중심이기 때문에 일단 '사랑' 이 그려지고는 있는데 이 '사랑' 의 내용이 문제인 것입니다.

사랑하기 때문에 독점하고 싶어져서…

행복의 과학에서도 '사랑' 에 대한 가르침은 수없이 많은데 이 '사랑' 과 '집착' 의 차이는 실제로 어려운 문제가 있습니다.

사랑하면 역시 집착하게 되겠지요.

사랑하면 역시 독점욕이 생기겠지요.

사랑하는 사람이, 예를 들어 자신 이외의 사람을 마음에 두게 되거나 하면 질투심이 일어나는 것은 당연합니다.

이 문제는 어렵습니다.

사랑하지 않으면 그런 일이 일어나지 않는데 사랑하기 때문에 독점하고 싶어져서 질투가 일어납니다.

이것은 여성은 물론 남성의 경우에도 피할 수 없는 천성이라고 생각합니다. 어떻습니까? 피할 수 있는 사람이 있습니까? 기본적으로 피할 수 없다고 생각합니다.

나의 『감화력』(행복의 과학 출판 간행)이라는 책에서는 '부부간의 건전한 질투심은 어느 정도 효용이 있다'고 서술하고 있는데, 그렇게 무서운 유령과 같은 영화를 보면 조금 생각해 보게 됩니다.

한 번 주의를 당부해 두지 않으면 여러분이 유령이 되어버릴지도 모르기 때문에 혹시나 해서 말해 두고자 하는 것입니다.

불교에서 '사랑'은 곧 '집착'⁉

그런데 석가의 말로서 남아있는 것 가운데에는 현대에서 보면 이상한 가르침이 있습니다.

그것은 "사람을 사랑하지 말라."라는 가르침입니다.

여기서 말하는 '사랑'이란 내가 가르치는 사랑과는 조금 달라서, '집착'이라는 의미입니다. '애착'이라고 하여 가족 등의 상대에 대해 끈끈이와 같은 집착을 하는 사랑을 말합니다.

예를 들어 부모의 자녀에 대한 집착이 있습니다.

지금은 외아들이나 외동딸이 많아서 부모가 자녀에게 집착하여 손을 놓지 못하고 끈끈이와 같은 사랑으로 도망가지 못하도록 해서 괴로워하는 일이 자주 있습니다.

아이 쪽도 괴로워하지만 부모는 부모대로 괴롭습니다. 혹은 부부간에도 그와 같은 사랑이 나타나는 경우가 있습니다.

그것은 '속박하는 사랑'이라고 할 수 있습니다.

'사랑'이라고 해도 내가 말하는 '주는 사랑'이 아닌 '속박하는 사랑'도 있습니다.

사랑 가운데에는
‘주는 사랑’도 있는가 하면
‘속박하는 사랑’도 있다.

2 부모로부터 독립하고 싶은 아이와 아이를 놓아주지 않는 엄마

인간은 본능적으로 가면 속박하는 사랑 쪽이 당연하다는 식이 됩니다. 역시 좋아하게 되면 속박하는 사랑이 되기 쉽습니다.

예를 들어 어머니는 아이가 귀엽기 때문에 꽉 붙잡아 도망갈 수 없도록 합니다. 거기에 대해 아이 쪽은 '독립하고 싶다. 자립하고 싶다' 는 것으로 반항합니다. 그래서 반항기가 반드시 일어나는 것입니다.

그 시기에 부모의 속박하는 사랑을 돌파할 수 있었던 사람만이 한 사람 몫을 하는 사회인이 될 수 있습니다. 그리하여 결혼을 하고 부모 이외의 이성과 가정을 만들 수 있게 되는 것입니다. 이것을 돌파하지 못한 사람은 서른이 넘어도 결혼하지 못하고 남아 있게 될 터입니다.

이것은 어머니의 아들에 대한 경우뿐만이 아닙니다. 너무나도 부모로부터 사랑을 받고 있는 외동딸 등도 역시 끈끈이에 붙어 버린 것처럼 되어서 집에서 나갈 수 없습니다.

그와 같이 사랑의 문제는 조절하기가 어렵습니다.

사랑하는 것 자체는 나쁜 일이 아니지만 사랑하기 때문에 너무 귀여워해서 괴로움을 만들어 버리고 맙니다.

그것이 극단적으로 가게 되면 최후에는 영화 '괴담'의 여선생처럼 '자신이 사랑한 남자가 다른 여자를 좋아하게 되는 것은 용서할 수 없으니까, 유령이 되어서라도 상대의 여자를 차례로 죽여 간다'는 지경까지 가게 되는 것입니다.

만남은 헤어짐의 시작

영화니까 극단적인 모습으로 보이지만 그와 같은 일은 눈에 보이지 않는 세계에서는 실제로 일어나고 있는 일입니다.

영적(靈的)으로 보면 죽고 나서 불성불령(不成佛靈, 성불하지 못한 영)이 된 자 중에서는 증오심에만 가득 차서 빙의령(憑依靈)이 되었을 뿐만 아니라 '사랑하기 때문에 가족이나 연인, 남편, 부인, 아이 등에게 빙의하여 떨어지지 못한다' 는 영들이 많이 있습니다.

'사랑하는 사람을 만들지 말라' '집착하지 말라' 는 석가의 가르침, '장남이니까' 라든지 '재산이 있으니까' 라는 이유로 집착을 하지 말라는 가르침은 그것만을 본다면 매우 냉정하게도 보입니다.

'왜 그렇게 냉정한, 반사회적인 견해를 가지고 있는 것인가?' 라고 생각하는 사람도 있을 것입니다.

그러나 괴담과 같은 영화를 보게 되면 그 의미를 잘 알 수 있습니다.

석가의 가르침도 "유령이 되고 싶지 않다면"이라는 말을 앞에 붙인다면 확실하게 의미를 알 수 있습니다.

"유령이 되고 싶지 않다면
집착을 버려라.
죽으면 깨끗하게 포기하라.

이 세상의 것에 집착하지 말라.
이 세상의 사람에 집착하지 말라.
사랑하는 사람이라도
반드시 헤어지지 않으면 안 되는 것이다.
언젠가는 헤어질 때가 오는 것이다.
그것을 알도록 하라."

석가는 이렇게 말했던 것입니다.

'만남은 헤어짐의 시작' 이라는 말도 있듯이 '반드시 헤어지지 않으면 안 되게 된다' 는 것입니다.

만남은 헤어짐의 시작
사랑하는 사람과도
반드시 헤어질 때가 온다

사랑하는 사람과의
헤어짐은 슬프지만…

'사랑하는 사람과의 헤어짐'은 가장 슬픈 일이지만 인생에서 피할 수는 없습니다.

어떤 때는 동료이거나 협력자이거나 해서 너무나 사랑했던 사이였는데 어떤 사건을 계기로 서로 증오하게 되어 헤어지는 일도 있습니다.

그것은 슬픈 일입니다.

그러나 그것도 인생의 진실입니다.

그런 식으로 "유동적으로 흘러가서 고정해 두지 못하는 쪽이 사실은 진실이며, 고정적인 것이라고 생각하는 쪽이 사실은 틀렸다."라고 석가는 가르치고 있습니다.

결혼을 할 때에는 '영원불변의 사랑'을 누구나 다 믿고 싶겠지만 수십 년의 인생 속에서 역시 힘든 상황은 꽤 많을 것입니다.

그때 사랑의 모습을 한 번 더 생각해 주십시오.

'이 사랑의 모습은 유령이 될 타입의 사랑인가 그렇지 않은가?'를 한 번 생각해 주셨으면 합니다.

'외동딸이 시집가지 않는 가정'의 의외의 원인

예를 들어 외동딸이 시집가지 않고 집에 있다고 합시다.

그 경우에 부모로서는 딸을 '사랑하고' 있는 줄 알지만 사실은 딸을 놓아주지 않고 집에 두는 경우가 있습니다.

'이 사랑은 자기네들이 죽으면 딸에게 들러붙는 타입의 사랑인가 아닌가?'를 생각해 주셨으면 합니다.

혹은 부부의 경우에도 '부부가 서로 사랑하고 있다'라고는 해도 '그 사랑은 한쪽이 죽으면 유령이 되어 들러붙는 사랑인가 아닌가?'를 한 번 점검해 주셨으면 합니다.

인간에게는 각자 혼(魂)이 있으며 각자의 수행과제를 가지고 있으므로 '상대에게 그렇게까지 집착을 해서는 안 된다'라는 경계가 있습니다.

'사랑하는 사람과 헤어지고 증오하는 사람과 만난다' 라는 인생의 진실

석가는 '사고팔고(四苦八苦)'라는 가르침 속에서 다음과 같이 설하고 있습니다.

"이 세상은 사랑하는 사람과 헤어지고 애별리고(愛別離苦) 증오하는 사람과는 만나는 원증회고(怨憎會苦) 세상이다. 그것을 잘 알고 있거라."

실로 엄한 어투지만 이것은 인생의 진실입니다.

인간관계는 강물처럼 흘러간다

또한 석가는 '제행(諸行)은 무상(無常)이다'라고 설하였습니다.
"세상은 변해 가는 것이어서 무엇 하나 똑같은 환경을 유지하지 못한다."라는 것입니다.
이것도 맞는 말입니다.

나는 20년 정도 조직을 이끌어 왔는데 좀처럼 인간관계를 지속할 수가 없었습니다.

여러 사람이 협력자로서 나타났지만 단기간에 멀어지거나 또 새로운 사람이 나타나거나 해서, 만남을 유지하는 사람들은 수시로 바뀌어 갔습니다.

'이 사람이야말로 일생의 협력자다' 라고 생각한 사람이 멀어진 적도 있어 슬픔을 느끼게 되는 경우도 꽤 있었습니다.

그러나 그러는 가운데에 '뭐 그럴 수도 있지' 라고 생각할 수 있게 되었습니다.

'그 시기마다 도와주는 사람이 나타나는 것은 고마운 일이다' 라고 생각하게 되었던 것입니다.

그리고 나중에 나타나는 사람은 이전에 있었던 사람보다 실력이 나은 사람인 경우가 대부분이었습니다.

'역시 그 단계마다 필요한 사람이 나타나는구나.

그러니까 헤어짐을 아쉽다고 생각하고만 있어서는 안 되는 것이다.

새로운 만남이 있다는 것을

기쁘게 여기지 않으면 안 되는 것이다'

20년 가까운 경험으로 터득한 감정입니다.

'개인적으로는 그 사람과 평생 좋은 관계를 이어 가고 싶다' 라고 바라는 법입니다.

그러나 어디선가 헤어짐이 찾아와서 아픈 기억을 가지게 되는 법입니다. 한편 새로운 사람이 나타납니다.

새로운 사람은 어떤 사람일지 알 수 없으며 '정말로 잘 되는 것일까?' 라고 불안한 느낌을 갖게 되는 것이 사실입니다. 하지만 그런 새로운 사람이 나름의 실력을 발휘해서 조직을 지탱해 주는 일도 있습니다.

이와 같은 것은 '신진대사' 라는 말과 통하는 면이 있을지 모릅니다. '신진대사' 가 원활하듯이 '인간관계도 강물처럼 흘러간다' 는 뜻입니다.

인간관계도
강물처럼 흘러간다

'저 세상으로 떠나감'을 배웅하는 유족의 마음가짐

여러분은 '제행무상'이라는 말에 대해 알고 있어야 합니다.

사람과 사람의 만남에서는 만났을 때 이미 헤어짐이 시작되고 있는 것입니다.

이 세상에서 그런 인간관계에서의 헤어짐이 없었다고 하더라도 결국에는 '사별'이라는 헤어짐이 확실히 다가옵니다.

그때 배우자가 사망하고 나서 긴 시간 슬퍼하고만 있으면 저 세상에 돌아간 사람도 역시 힘든 법입니다.

이 세상에 남은 남편이나 부인이 매일매일 슬퍼하고 있다면 힘이 들어서 저 세상으로 떠나지 못합니다.

새로운 세계로 들어가서 새로운 친구와 만나거나 공부하거나 해서 저 세상에서 수행하는 것을 뒤에서 힘껏 끌어당기면서 방해하는 듯한 느낌이 됩니다.

'두고 온 부인이 신경 쓰이는구나'라고 생각이 들면서 뒤에서 누군가 끌어당기고 있는 듯한 느낌이 드는 것입니다.

그것이 너무 강하면 역시 딱한 일입니다.

결혼을 해도, 마지막에는 죽으면서 헤어지게 되는 것이므로 '언젠가는 사랑하는 사람과도 헤어지는 것이다'라고 어느 시점에 가면 냉정하게 생각해 두지 않으면 안 됩니다.

그렇게 생각하는 것이 인간관계 속에서 일정한 부동심(不動心), 마음의 안정을 줍니다.

어떤 의미에서는 냉정하게 보일지도 모르지만 이것이 평안함과도 비슷한 느낌을 전해줍니다.

아이도 언젠가는 부모로부터 독립하는 날이 온다

일생 동안에 아이와 헤어지는 일도 있고 아이가 먼저 세상을 떠나는 일도 있습니다. 여러 가지 일이 인생에서는 일어나겠지요.

하지만 이 세상은 원래 그런 것입니다.

자신의 아이가 태어나면 '평생 함께 살 수 있다면 좋을 텐데'라고 누구나 바라지만 언젠가 반드시 아이는 '반란'을 일으켜서 독립해 나갑니다.

그러나 '그걸로 됐다'라고 생각해야 합니다.

'아이는 부모에 반란을 일으켜서 독립하는 것이다.

그것을 부모가 억압하려고 하는 것은 역시 틀렸다.

이 세상은 그런 것이다.

이것이 진리이고 전제다.'

그렇게 생각하여 불필요하게 괴로워하거나 슬퍼하지 말아야 합니다.

인간관계에서는 사랑을 유효한 수단으로 삼아서 괴로움이나 슬픔을 증대시켜 가지 않도록 하는 것이 중요합니다.

마음은 좀처럼 자유롭게 되지 않는 것

이 세상은 무엇 하나 마음대로 되지 않는 세계입니다.

자기자신의 마음조차도 마음대로 하기가 힘듭니다.

좀처럼 생각대로 되지 않는 것입니다.

옛날부터 '의마심원(意馬心猿)' 이라고 합니다.

'마음은 말과 같고, 원숭이와 같아 날뛰며 끊임없이 움직여서

좀처럼 마음대로 하지 못한다.

자기자신이라도 마음대로 못하는 것이니까

부부든 부모 자식간이든 형제간이든

친구든 사업의 협력자든

좀처럼 뜻한 대로는 되지 않는 법이다'

그런 것이라고 생각해 둔다면 강물처럼 흘러갈 수 있습니다.

진정한 부동심이란?

'바위처럼 움직이지 않는 것이 부동심이다' 라는 것이 아닙니다. 바위처럼 몇 억 년이나 움직이지 않는 것이 부동심을 뜻하지는 않습니다.

'세상은 움직이고 있다. 흘러가는 것이 진정한 모습이다' 라고 생각함으로써 그런 것에도 견뎌 나갈 수 있게 되는 것입니다.

'무슨 일이 있어도 이 회사에서 평생 일하겠다' 라고 바라고 의기양양하게 입사한 사람들이라고 해도 차례로 회사를 그만두고 떠납니다. 1년 뒤, 3년 뒤, 10년 뒤라는 식으로, 시기는 제각각이지만 그만두는 사람이 있습니다. 알 수 없는 일입니다.

'모든 것은 인생을 배우는 과정이다' 라고 생각할 일입니다.

'자신에게 필요한 문제가 주어진다. 인간관계에서도, 업무관계에서도 그런 문제가 주어지는 것이다' 라고 생각하는 것이 중요합니다.

모든 것은 인생을 배우는 과정으로
인간관계, 업무관계에서도
문제가 주어진다

영국 여행에서 있었던 일

영화 '괴담'의 이야기에서는 너무 지나치게 사랑함으로써 생기는 괴로움에 대해 서술했는데 여기서 그것과는 대조적인 이야기를 해 보고자 합니다.

나는 2007년 7월 말부터 8월 초에 걸쳐 영국에 머물던 중 런던에서 에든버러(Edinburgh)로 가서 하루 묵게 되었습니다.

에든버러 근교에 아보츠포드(Abbotsford)라는 곳에 '셰익스피어 이래의 대작가(大作家)'라고 불리는 월터 스콧(Sir Walter Scott)의 거성(巨城)이 있습니다. 그 성에는 거대한 서고와 무기고가 있어서 그 작가는 그것을 참고하면서 소설을 많이 창작하였다고 합니다.

그래서 '글을 쓰는 사람이라면 한 번은 보지 않으면 안 된다'라고 말해지는 장소가 되어 거리는 조금 멀었지만 보러 갔습니다. 보더(Borders) 지방이라고 하는 잉글랜드와 스코틀랜드의 중간에 위치하고 있었습니다.

어느 여성 가이드의 신상에 관한 이야기를 듣고

그때 가이드를 해준 사람은 에든버러에서 십몇 년 살고 있다는 40대 초반의 일본인 여성이었습니다.

그녀는 1970년대에 일본에서도 유행했던 에든버러 출신 그룹의 노래를 너무 좋아해서 그 가수와 그들의 패션에 매료되어 에든버러에 와서는 그대로 눌러 살게 되었다고 합니다. 그리고 스코틀랜드인 남성과 결혼하여 가이드 일을 십수 년이나 하고 있다는 것이었습니다.

"남편께서는?"이라고 묻자 "3년 전 세상을 떠났습니다."라고 하였습니다.

그리고 "나는 남편과 살던 집에서 계속 살고 있습니다. 가이드 자격증도 있으므로 지금도 계속 일을 하고 있지만 벌써 3년이나 지났기에 어떻게 할지 고민하고 있습니다."라고 자동차 안에서 이야기했습니다.

'천국으로 돌아가서 아주 행복하다'

그녀는 내가 영능력(靈能力)이 있다는 것을 알고 있었으므로 '영능력이 있는 나에게 남편의 일을 상담하고 싶은 것일까?' 하고 생각했습니다. 그래서 나는 천국에 있는 남편이 보낸 메시지를 전했습니다.

"남편은 '천국에 돌아가 아주 행복하다'고 말하며 기뻐하고 있어요. 결혼 생활은 아주 행복했던 것 같군요."

그녀는 고개를 끄덕거렸습니다.

"그렇습니다. 그래서 좀처럼 잊어버릴 수가 없습니다. 아주 좋은 사람이었습니다."

"남편 분은 '이쪽에서도 행복하게 살고 있으니까 당신은 이제 자유롭게 살아도 돼' 라고 말하고 있어요. '벌써 3년이나 지났고, 계속 이 땅에 묶여 있지 않아도 돼. 이제 당신은 자유롭게 살면 돼. 아직 젊으니까 좋은 사람을 찾아요. 일본에 돌아가도 좋고 여기서 살아도 좋고, 어느 쪽이든 좋으니 좋은 사람을 찾아봐요. 당신과의 결혼 생활은 아주 즐겁고 행복했어'

남편 분은 그렇게 말하고 있어요.”

”그렇습니까!”

그녀는 기뻐했습니다. 그야말로 그런 말을 듣고 싶었던 것입니다.

세상을 떠난 남편으로부터의 메시지에 눈물을 글썽이며 기뻐한 그녀

‘3년 전에 세상을 떠난 남편이 지금도 자신에게 들러붙어 ‘결혼을 못하게 하겠다’라고 생각하여 자기를 꼭 죄고 있는가? 아니면 저 세상에서 행복하게 살고 있는가?’가 그녀의 걱정이었겠지요.

그것에 대해 남편은 “아, 이제 괜찮아. 나는 이 세계에서도 행복하게 살고 있어. 친구도 생겨서 즐겁게 지내고 있으니 이제 당신은 자유롭게 살아요. 나에게 집착하지 말고 다른 좋아하는 사람을 만들도록 해.”라고 말하는 것입니다. 좋은 남편입니다.

40대 초반이라면 아직 충분히 상대를 찾을 수 있는 나이이기에 “좋은 사람을 찾아요.”라는 허락을 받을 수 있다면 그것은 고마운 일이겠지요.

“‘나는 천국에서 살고 있으니까 그걸로 됐어. 내 무덤을 지키지 않아도 좋아’라고 말하고 있어요.”

그와 같이 남편의 말을 전해주자 그녀는 눈물을 글썽이며 기뻐했습니다.

나는 ‘텔레비전에 나오는 스피리츄얼리스트(spiritualist)로 간주되고 있는 것이 아닌가?’라고 느끼면서도 실제로 그녀의 남편의 영이 생각하는 것을 알기 때문에 그것을 전해주었던 것입니다.

천국에 가는 사람, 유령이 되는 사람의 차이란?

이 영국에서의 이야기와 영화 ‘괴담’을 비교해 보면 ‘역시 심경의 차이는 나타나는구나’라고 생각됩니다.

가이드의 남편은 50세 정도에 이 세상을 떠난 상황이므로 생각한 것보다 조금 빠른 이별이었던 것 같지만, 그 남편의 영의 경우에는 “좋아하는 사람이 생기면 들러붙어 죽여버린다.”라는 괴담과는 정반대입니다.

자기자신이 영이 될 때에는 될 수 있으면 이런 식으로 지상에 남은 사람이 각자 행복해질 수 있도록 바랐으면 하는 바입니다.

  '이 세상에 대한 집착을 끊고
저 세상에서 지켜봐 주자
자기는 자기대로 새로운 세계에서
또 친구를 만들어서 살아가자'
그런 생각을 갖는 것이 중요합니다.
이런 사람은 천국에 갑니다.

그런 것이 아니라 이 세상에 남아 있는 부인에게 들러붙어서
"내가 준 땅과 집이니까 다른 사람을 들여놓으면 절대로 용서하
지 않겠다."라고 말하고 있다면 확실히 유령이 되어 버립니다.

지상에 남은 사람들이 행복해질 수 있도록 저 세상에서 기도
할 수 있는 마음을 가졌으면 싶습니다.

이 세상에서는 반드시 떠나가는 것이므로 '그런 것이다' 라고
처음부터 생각해 두어야만 합니다.

이 세상을 떠나는 사람은
지상에 남은 사람들이
행복해지도록 바라자

그것은 진정한 사랑? 아니면…

정말로 상대를 사랑하고 있다면 상대의 행복을 바라야 하고, 상대의 불행을 원해서는 안 됩니다.

만약 자기가 '사랑이다' 라고 생각하는 것 가운데에 상대의 불행을 바라는 구석이 있다면 그것은 자아아욕(自我我慾)의 사랑입니다. 그것은 자기보존욕, 혹은 자존심, '내가 예뻐서' 라고 생각하는 '사랑' 입니다.

진정한 사랑이라면 상대의 그 후의 행복을 바라야만 합니다.
상대의 불행을 바라거나 '재혼 상대인 젊은 여성을 차례로 죽이고, 마지막에는 좋아했던 남자까지 죽여버려서 저 세상에 억지로 끌고 간다' 라는 것을 가지고는 완벽하게 지옥행입니다. 그것은 악령의 단계까지 가 있습니다.

그렇게는 되고 싶지 않습니다.

당신의 사랑은 '속박하는 사랑' 이 되어 있지 않습니까?

사랑이 그런 식으로 되어 버린다면 슬픈 일입니다.

그렇게 된 경우에는 '너무 지나치게 사랑했다' 는 것이 문제입니다.

아이라고 해도 부부라고 해도 연인이라고 해도 너무 지나치게 사랑함으로써 서로 상처를 받는 일이 있습니다.

그와 같이 유령이 되기 쉬운 타입의 사람은 아무래도 너무 지나치게 사랑해버리는 경향이 있습니다.

'그렇게까지 하지 않아도 된다' 고 생각하는데 너무 지나치게 사랑해버리는 것입니다.

아이에 대해서도 이성에 대해서도 너무 열중한다든지 너무 사랑한다든지 하는 사람이 대개 질투가 심해지고 독점욕이 강해져서 마지막에는 유령이 되어 버립니다.

그러므로 '너무 지나치게 사랑한다' 는 것도 문제입니다.

그럴 것이 아니라 어느 정도 상대를 자유롭게 해줘야 합니다.

아이라도 자유롭게 해주지 않으면 안 되고 남편이라도 어느 정도는 자유롭게 해주지 않으면 안 됩니다.

완전히 옭아매어 '새장 안의 새' 로 만들어 버리면 역시 '사랑' 이 아닙니다. 하늘을 날 수 있기 때문에 새인 것이지, 새장 안의 새는 '죽어' 버립니다.

남편 역시 회사에서 왕성하게 일하기 위해서는 부인의 응원이 필요하고 사랑이 필요합니다.

역시 사랑 중에는 일부 건전한 질투심은 있겠지요.

질투 그 자체는 없앨 수는 없습니다.

질투심은 향상심과 경쟁심과도 관계가 있기 때문에 아마 없어지지는 않을 것입니다.

질투심은 '노릇하게' 구운 정도가 가장 좋다

마츠시타 고노스케(松下幸之助)는 "질투심은 노릇할 정도로 잘

굽지 않으면 안 된다.”라고 좋은 말을 하고 있습니다.

‘새까맣게 태운’ 정도로 구워버리면 안 됩니다.

하지만 전혀 굽지 않는 것도 안 되고 “노릇하게 알맞게 굽는 것이 좋다. 그 정도로 해 놓아라.”라고 말했습니다.

이것도 한 가지 중도(中道)에 해당되는 방법일지도 모릅니다. 진지한 가르침인지도 모르지만 ‘질투심에 대한 중도’ 입니다.

남편이든 부인이든 역시 약간의 질투심이나 독점욕은 있을 것입니다.

특히 부부 중 한쪽이 취미나 서클활동을 열심히 하고 있으면 걱정이 되어서 여러 가지로 간섭을 하고 싶어지겠지만 “질투는 노릇할 정도까지만 입니다. 짙은 갈색이 되어 버리거나 새까맣게 되어 버린다든지 하면 심한 것이다.”라는 뜻입니다.

그렇다고 해도 ‘질투심을 전혀 느끼고 있지 않다’ 는 경우도 문제라는 생각이 듭니다.

“마음대로 하세요. 전혀 아무것도 신경 쓰고 있지 않고 관심도 가지고 있지 않으니까, 어디로 가서 어떻게 죽어도 상관없어요.”라는 것은 사랑이 없다는 것과 같은 말입니다.

노릇하게 알맞게 구워서 해를 끼치지 않을 정도의 질투심 정도에서 그치는 것이 좋습니다. 그 정도에서 멈춘다면 유령이 되지 않고 끝납니다.

그러나 "새까맣게 타 버릴 정도로 구우면 유령이 되요."라고 주의를 주고 싶습니다.

이것은 남편에 대해서도 아이에 대해서도 똑같습니다. 새까맣게 되어 버릴 때까지 구우면 안 됩니다. 노릇하게 살짝 굽는 것 정도로 해 주십시오.

사랑하는 사람에 대한 질투는
노릇하게 구운 정도까지만.

'능력 좋은 부인'의
능숙한 조절 방법을 알자

질투란 '사랑하고 있다'는 의사표시이기도 하므로 약간은 괜찮지만, 새까맣게 태워 버리면 안 되고, 상대를 완전히 우리 안에 가두어 버려도 안 됩니다.

'조금은 질투를 하면서도 어느 정도 상대를 믿고 자유롭게 해 준다'는 그 정도의 조절이 중요합니다.

또 세상 사람들은 전부 똑같은 입장이 아니므로 상대의 직업 등에 맞추어 조정을 하여 어느 정도의 입장에 있는 사람에게는 그에 걸맞은 '능력 좋은 부인'이 되지 않는다면 어려운 면도 있습니다.

그와 같이 상대의 입장에 맞추어 여성 쪽도 진화하지 않으면 안 되는 것입니다.

마음의 컨트롤을 소중히

영화 '괴담' 의 이야기에서는, 40세 전의 노래를 가르치는 선생이 스물을 갓 넘긴 젊은 꽃미남과 깊은 관계가 되었습니다.

자신 쪽이 먼저 나이가 들고 죽게 되므로 언젠가는 남자한테서 버림받고 남자가 젊은 여자에게 가는 것은 처음부터 알 수 있는 일이었습니다.

남자 쪽은 아직 수입이 안정되지 않았으므로 여선생에게 붙어 있었을 뿐이며 언젠가는 독립하여 도망갈 것이라는 것은 확실합니다. 그것은 처음부터 알고 있는 일이었습니다.

그것을 알고 있으면서 '몇 년 동안 즐거우면 된다' 는 정도의 기분이라면 유령까지는 되지 않겠지만 '나를 버리면 반드시 죽어 버리겠다' 라는 정도까지 가면 역시 위험합니다.

여러분도 부디 그와 같은 마음의 컨트롤의 하나로서 질투심의 모습을 생각해 보시기 바랍니다.

진심으로 사랑하고 있다고…

싸우고 헤어져서
상대를 사랑하고 있었다는 것을
처음으로 알아차리는 사람이 있다.

이혼하여
아내가 없는 공허함에 놀라는 남편이 있다.
몹시 매도하고 나서
한숨을 돌린 뒤
남편의 위대함을 알아차리는 아내도 있다.

아이를 잃고 나서야
칭찬해 주지 않았던 자신을
계속 탓하는 부모가 있다.

모두 잘 듣도록 하라.
잃어버리고 나서는 너무나도 늦다.

사랑하고 있다면
지금 바로
사랑하고 있다고 말하라.
좋아한다면
좋아한다는 것을
지금 바로
행동으로 보여주어라.

영원한 후회를 남기지 말아라.
생명이 있는 동안에
사랑하고 있다는 것을
진심으로 사랑하고 있다는 것을
전하도록 하라.
마음껏 전하도록 하라.

How About You?

Part 2

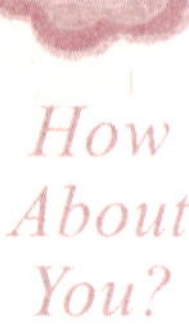

'사랑을 준다'는 것

여기서는 '행복해지자'라는 심플한 테마로 서술해 가겠습니다. 필자의 책을 처음 읽기 시작한 사람에게도 알기 쉬운 내용으로 해보고자 합니다.

행복의 과학에서는 '사랑'의 가르침을 특히 소중히 생각하고 있는데 특징적인 것은 '사랑'과 '집착'을 명확하게 구분하고 있는 점입니다.

세상 많은 사람들은 '자기가 사랑 받는다'는 것을 중심으로 '사랑'을 생각하고 있을 것입니다. 이것이 '남한테서 받는 사랑'

이라고도 할 수 있습니다.

한편 행복의 과학에서 설하는 사랑은 '주는 사랑' 입니다. '사랑을 준다' 는 것은 불교에서 말하는 '자비' 에 해당합니다.

이런 것은 종교적인 사고방식을 배우지 않는 한 생각해 내기가 어려울 것입니다. 무언가의 종교에 접하는 일없이 보통의 학교교육을 받고 사회에 나온 것이라면 대다수의 사람은 '사랑을 준다' 는 것은 생각해 본 적도 없을 것입니다.

'사랑하고' 있는데 반발하는 것은 무엇 때문일까요?

세상에는 '사랑' 에 대한 잘못된 생각이 사람들을 상당히 지배하고 있습니다.

'나는 사람을 사랑하고 있다. 사랑의 실천을 하고 있다' 라고 생각하는 사람은 많지만 사고방식이 잘못되었기 때문에 괴로움을 낳는 일이 많습니다.

예를 들어 아이에 대한 부모의 사랑에 대해 생각해 봅시다.

부모는 모두 "자신의 아이 정도는 귀여워하고 있고 사랑하고 있어요." 라고 말합니다.

실제로 본심으로 아이를 사랑하고 있어서 아이를 위해 살아가고 있는 줄로 알겠지요.

그런데 아이가 자신이 생각한 대로 되지 않고 반항하는 일도 많습니다.

'나는 아이를 이렇게 사랑했는데, 이렇게 귀여워했는데, 왜 내 말을 듣지 않고 반항하는 걸까? 나를 이렇게 나쁘게 말하는 걸까? 어째서인지 도무지 알 수가 없다'고 생각하고 괴로워하는 부모도 적지 않을 것입니다.

사랑하는 아이가 비행에 빠져 불량한 상태가 되거나 반항하여 집을 나가 버리거나 하는 경우도 있고, 아이 문제로 부부 사이마저 나빠지는 경우도 있습니다.

'나는 아이를 이렇게 사랑했는데 어째서 이런 경우를 당하지 않으면 안 되는가?' 라고 생각하지만, 실은 이 사고방식에 문제가 포함된 경우도 있습니다.

'조건을 거는 사랑' 이 우리 아이를 몰아세우는 일도…

그 중의 하나가 아이에게 성과를 구하여 "목표를 달성하면 사랑해 줄게."라는 식으로 사랑을 주는 일입니다.

이런 부모는 많이 있습니다.

이것은 사회가 남성화(男性化)되어 왔다는 한 가지 증거입니다. 회사 등 남성 위주의 사회에서는 성과주의(成果主義)가 발달해 있습니다. 이것이 가정 안에 파고들고 있습니다.

모친이 아이에게 일정한 성과를 요구하고 '아이가 목표를 달성하면 사랑하지만 달성하지 못하면 사랑하는 대신 야단치거나 화내거나 한다'는 경우는 자주 볼 수 있습니다.

물론 일정한 범위 내에서는 그런 일이 있어도 좋다고 생각합니다. 아이가 학교에서 좋은 성적을 내거나 스포츠에서 활약하거나 그림이나 서예 쪽에서 작품이 평가를 받거나 하면 부모로서도 자랑스럽기 때문에 아이를 칭찬하는 것은 당연합니다.

그러나 이것이 '성과를 조건으로 둔다'는 식으로 사랑하는 데에 조건을 달기 시작하면 문제가 생깁니다.

아이로서는 달성했을 때는 좋지만 달성하지 못한 경우에는 부모에게 반기를 들고 자기를 지키려고 하게 됩니다.

"성과를 내서 일정한 조건을 만족시키지 않으면 사랑해 주지 않겠다."는 말을 부모로부터 들으면, 아이는 '부모로부터 버림받을지도 모른다'라는 공포심에 사로잡히게 됩니다.

'사랑'의 반대인 '공포'를 느끼는 것입니다.

아이는 어떻게든 성과를 내려고 분발하지만 부모의 요구 수준이 높기 때문에 거기에 도달하지 못하는 경우도 있습니다.

그럴 때에 아이는 자기를 지키고자 반발하거나 자신의 내면 세계에 틀어박히거나 도피하거나 하기 시작합니다.

이런 식으로 아이의 비행이나 반항, 도피 등은 부모의 '조건이 걸린 사랑'이 문제가 되는 경우도 있습니다.

당신의 사랑은
'조건적인 사랑' 이 아닙니까?

파트너의 사랑에
부담을 느낄 때

똑같은 일은 부부나 연인 사이에서도 일어나기 쉽다고 말할 수 있습니다. 파트너에게 무언가의 '조건'을 구하는 경우가 종종 있습니다.

그것은 '당신이 이런 조건을 만족시키면 나는 당신을 사랑합니다' 라는 사고방식입니다.

'출세하면 사랑한다'

'수입이 늘면 사랑한다'

'집을 사면 사랑한다'

이와 같이 요구하는 조건은 여러 가지가 있는데 '그런 식으로 사랑하면 상대에게 부담을 주게 된다' 는 것을 잘 이해하지 못한 경우가 있습니다.

그렇기 때문에 파트너에게 존경받으려고 하여 열심히 분발하고 있는데도 그 무게를 견디지 못하고 괴로워하는 사람이 많이 있습니다.

또 부모 자식간에도 부부나 연인 사이에도 "내가 구속당하고 있다는 느낌, 감시 당하고 있다는 느낌이 괴롭다."라고 말하는 사람이 많이 있습니다.

부모나 파트너에게 구속당하고 있다는 느낌이 강해지면 불행하다는 생각이 강해지는 법입니다.

'상대를 사랑하고 있는' 줄로 알았는데 실은…

그런데 '사랑하고 있다'고 생각하는 쪽은 상대를 불행하게 만들고 있다고는 생각하지 않습니다.

특히 사람은 머리가 좋아지면 지배욕이 강해져서 다른 사람을 지배하고 싶어지는 경향이 나오게 됩니다. 그 지배욕 중에 '상대를 조종할 수 있다'는 기분이 드는 것입니다.

그런 사람은 꾀가 생겨서 상대가 자신이 꾀하는 대로 되면 '서로 사랑하고 있다' 라고 느끼고, 꾀하는 대로 되지 않으면 '사랑이 성립되지 않았다' 라고 생각하는 경향이 있습니다.

이것은 어떤 의미에서의 지배욕입니다.

'상대를 사랑하고 있다' 라고 생각하고 있어도 그것은 행복의 과학에서 가르치는 '주는 사랑' 과는 다릅니다.

'상대를 조종하여 자신이 바라는 대로 움직일 수 있으면 사랑이 성립된다.'

'계약처럼 조건이 합치한다면 사랑한 것이 된다.'

'자신이 생각하는 [틀]에 상대를 끼워 넣을 수 있으면 사랑이 성립하고, 그렇지 않으면 성립하지 않는다.'

이런 사고방식은 대단히 잘못된 생각입니다.

상대를 원하는 대로 조종하고 싶어하는 사람의 의외의 본심이란

이와 같은 사고방식은 여성이 가지고 있는 경우가 많은데 '왜 남편이나 파트너인 남성을 틀에 넣고 싶어하는가?' 를 생각해 보면 그 원인은 역시 공포심이라고 할 수 있습니다.

그것은 '상대를 잃는 것에 대한 공포' 이고 '상대가 손이 닿지 않는 곳에 가버리는 것에 대한 공포' 입니다.

또 보통은 상대의 남성이 회사에서 어떤 일을 하고 있는지 모르는 경우가 많으므로 '상대의 행동이나 일을 볼 수 없는 것에 대한 공포' 도 있습니다.

상대를 조종할 수 있을 때는 '사랑이 성립되고 있다' 라고 생각할 수 있지만 조종할 수 없게 되면 '언젠가 나는 버림받는 것이 아닐까?' 라는 공포심이 일어나게 됩니다.

이런 결과로 자연스럽게 '방어본능' 이 나와서 상대를 어떻게든 조종하려고 하기 때문에 말이 심해지거나 상대의 행동을 간섭하거나 하게 됩니다.

가정의 사랑이 무너지게 되는 계기

예를 들어 남편이 돌아와서 몸을 씻으러 간 사이에 휴대전화나 노트북의 메일을 조사하는 사람이 있습니다. 이런 행동을 하기 시작하면 대개 가정의 사랑이 무너지게 되는 계기가 됩니다.

'어떤 메일이 보내져 왔을까?'

‘이건 여자한테서 온 메일이 아닌가?’ 라는 식으로 남편의 메일을 확인하는 동안 점점 망상에 사로잡히게 됩니다. 마지막에는 남편에게 탐정을 붙이거나 하는 데까지 가면 상당히 위험한 상황에 들어가게 됩니다.

이런 식으로 되어 버리는 것은, 기본적으로 지배욕이 원인입니다. ‘상대를 지배하고 싶다’, ‘독점하고 싶다’ 는 생각이 강한 것입니다.

“아무리 해도 그런 기분이 생겨버리고 만다.”라는 사람은 일단 냉정한 상태로 생각해 봅시다. ‘지배욕이나 독점욕은 [주는 사랑]이라고 하는 가르침에서 보면 어떤가?’ 를 잘 생각해 볼 일입니다.

역시 그것은 상대를 속박하는 사람입니다. 거기에 ‘빼앗는 사랑’ 의 부분이 있을 것입니다. 그 안에는 지옥적인 것도 포함되어 있습니다.

따라서 사랑의 형태로는 역시 잘못된 것입니다.

‘뭔가 해주고 생색을 내는 부모’ 로부터 아이는 도망친다

여성의 경우, 가정을 자신의 ‘소유물’ 로 간주하는 경향이 있

습니다. '남편이나 아이를 자신의 소유물로 삼고 싶다' 는 마음이
있습니다.

  부모와 자녀의 관계가 순조로운 가정에서는
  "엄마는 너를 낳아 주었을 뿐, 아무것도 하지 않았어.
  네가 스스로 공부하거나 노력하거나 해서 훌륭해진 거야."
라는 식으로 말하는 일이 많기에 아이는 부모에게 반발하지 않
습니다.

  그러나 순조롭게 돌아가지 않은 가정에서는 그 반대의 경우가
많습니다. 아이 쪽에서는 '부모는 나를 소유물이라고 생각하고
있다' 라고 느끼면서 반발하게 됩니다.
  "너를 낳았을 때 너무 아파서 힘들었다."
  "그때는 아빠가 해고되어서 집이 엉망이었으니까 우리 집의
경제 상태는 최악이었어."
  "나는 몸이 안 좋은 상황에 출산 후에 뼈까지 약해져서 몸이
원래 상태로 돌아갈 수 없게 되었다."
  부모가 그런 이야기를 생색내어 10년 이상이나 계속 말하게
된다면, 그것을 듣는 쪽은 무척 힘들어집니다.

망가진 녹음기처럼 부모가 똑같은 말을 반복하면 아이 쪽은 '이 이야기는 이걸로 몇 번째일까?' 라고 느껴서 점점 싫어지게 됩니다. 그리하여 초등학교 6학년 정도부터 중학생 정도의 무렵에 아이는 부모로부터 도망치기 시작합니다.

'아이가 왜 도망치는 것일까?' 를 부모는 알아차려야 합니다.

똑같은 말을 늘 하고 있기 때문에 도망치는 것입니다.

"부모가 얼마나 힘들었는가?"를 이야기하여 아이에게 생색을 내면서 "너에게는 '빌려준 돈' 이 있다. 갚아라. 갚아."라고 계속 말하는 것과 같습니다.

'아낌없이 주기' 때문에 '덕' 이 생긴다

이래서는 자녀양육이 어머니의 덕이 되지는 않습니다.

'아낌없이 주기' 때문에 '덕' 이 생기는 것입니다.

'나는 뒤에서 힘을 실어주면 된다.

아이를 키우는 것 자체가 삶의 보람이고

그걸로 충분한 포상이 되었다.

이제는 아이가 행복한 인생을 살면 되는 것이다'

부모가 그런 식으로 생각하고 있으면 아이는 도망치지 않습니다.

그러나 '내가 괴로웠던 만큼, 힘들었던 만큼 나중에 확실하게 되돌려 받겠다' 라고 부모가 생각하고 있으면 아이는 도망치고 싶어집니다.

"너에게는 '빌려준 돈' 이 많단다."를 계속 말한다면, 그것이 아빠든 엄마든 간에 역시 돈을 갚으라고 하는 사람은 싫기 때문에 아이는 도망치고 싶어지는 것입니다.

만약 당신의 아이가 도망치기 시작했다면 '나도 입버릇처럼 아이에게 이야기하고 있지 않을까?' 라고 생각하여 반성하는 것이 좋습니다.

질투심을 '사랑' 이라고 잘못 생각하고 있지 않습니까?

한편 부부관계에서는 '상대를 잃고 싶지 않다' 는 집착에 의한 질투심을 사랑이라고 착각하는 사람이 적지 않습니다.

확실히 남녀의 사랑이 싹틀 무렵에는 두 사람 사이에 다른 사람이 들어올 수 없도록 질투심도 강해서 '배타적' 인 상태가 되는 경향이 있습니다.

다만 이 질투심이 지나쳐서 극단적인 상태가 되는 경우에는 이미 사랑이 아니라는 것을 깨달아야 합니다. 그것은 사랑이 아니라 '상대를 구속한다' 는 것으로써 '자유를 뺏는 일' 입니다. 상대는 그 부담에 괴로워하고 있습니다. '아내가 늘 감시하고 있다', '남편이 늘 감시하고 있다' 는 것은 매우 괴로운 일입니다.

사랑이란 서로를 행복하게 만드는 것이어야 함에도 불구하고 상대의 자유를 뺏거나 괴롭히거나 구속하기 쉽습니다.

'이런 것이야말로 사랑이다' 라고 생각해서 자신의 질투심을 긍정하거나 정당화하기 쉽기 때문에 '질투심과 사랑은 다르다' 라고 생각해야만 합니다.

'질투심'과 '사랑'은
다르다는 것을 알아야 한다.

'상대를 믿는 마음'을 소중히

본능적으로 질투심은 생기기 마련이지만 그때 '이것은 진정한 사랑이 아니다' 라고 생각하는 것이 중요합니다. 그리고 상대의 인격을 존중하여 일정한 범위에서 상대의 자유를 인정해야 합니다.

'상대를 믿는 마음'을 가지지 않으면 안 됩니다.

그것은 부부뿐만이 아니라 아이에 대해서도 마찬가지입니다.

아무리 아이의 일이 신경이 쓰여서 어쩔 수가 없다고 해도 하루 종일 지켜 볼 수는 없습니다. 아이가 학교에 가거나 친구들과 놀거나 학원에 가거나 하는 동안에 어떻게 하고 있는지 부모로서는 알 수 없는 일이지만, 그 행동을 모두 지켜볼 수는 없습니다.

　상대를 구속하여 늘 자신의 ‘권내(圈內)’에 두려고 하는 것은
사랑이 아닙니다.
　만약 그것이 질투가 되어 버린 경우에는 반성하여 그런 생각
을 없애야만 합니다. 그대로 지내면 질투심이 지옥같은 마음의
표현으로 변할 가능성이 매우 많기 때문입니다.

‘술집’을 드나드는 남편의 속마음
　질투심의 원인의 대부분은 공포심입니다.
　상대가 도망쳐 버릴지도 모를 공포심, 상대를 잃게 될지도 모
를 공포심, 혹은 자기보존욕, 자기중심주의(自己中心主義)에서 생
겨나는 것입니다.

　그 바탕에는 ‘상대를 조정하고 싶다’, ‘상대를 지배하고 싶다’
라는 마음이 있습니다. 그것도 어느 정도의 범위라면 허용되는
면도 있지만, 상대에게 괴로움을 주거나 부담을 주거나 숨이 막
히게 만들거나 하면 사랑의 감정이 사라지게 됩니다.

실제로 이 세상에는 "집에 들어가기가 무섭다."고 하는 남성이 많이 있습니다.

남편은 왜 '술집'을 드나드는 것일까요?

그것은 집에 들어가는 시간을 늦춰서 부인과의 접촉 시간을 짧게 하려고 '도피'하는 것이기 때문입니다. 집을 두 채 둘 수도 없기에 귀가하는 시간을 최대한 늦추고 싶은 것입니다.

부인과의 접촉 시간이 길면 무슨 말을 들을지 알 수 없습니다.

그래서 '집에 돌아가면 빨리 잠들 수 있는 상태'를 만들고 싶은 마음이 강해지는 것입니다.

"아, 오늘은 지쳤어. 잔업으로 너무 피곤해."

"오늘은 접대로 힘들었어."

이런 식으로 말하고 '쓰러져 잠든다'는 식으로 잠들면서 '부인과 말을 하는 것은 될 수 있는 한 짧게 하고 싶다'는 것입니다.

이런 남성이 의외로 세상에는 많이 있습니다. 그들은 부인의 공격으로부터 구해 내지 않으면 안 될 불쌍한 사람들입니다. 어떻게 하면 부인에게 대항할 수 있는지도 모르고 괴로워하는 '구제'의 대상입니다.

상대에게 부담을 지워주면
사랑의 감정이 사라져 간다.

질투를 억제하는
'어른의 지혜'를

질투의 감정을 억제하는 것은 '어른의 지혜' 입니다.

질투심을 억제해 가야만 합니다.

'상대를 독립된 개인으로 존중한다' 는 마음을 가져야만 합니다.

그것은 부부와 같은 남녀의 파트너 관계에서도, 아이가 성장한 후의 부모와 자녀의 관계에서도 마찬가지입니다. 내가 간섭해도 좋은 범위와 '이 이상은 본인에게 맡기지 않으면 안 된다' 라는 범위가 있습니다.

'이렇게 당신을 사랑하고 있으니까 완벽하게 우리 안에 넣어

서 도망치지 못하게 해 두는 거야'

'상어도 다른 물고기도 접근하지 못하도록 트롤어선처럼 그물을 내려서 내가 지켜 줄게'

그와 같은 감정으로 남편을 부둥켜안고 있으면 남편은 점점 목이 졸려서 괴로워집니다.

집요한 여성이 되면, 남편의 회사에 전화하여 몇 시에 퇴근했는지 확인하는 사람도 있습니다. 그리하여 남편이 밤늦게 돌아와서 "잔업으로 늦었어."라고 말하면 "몇 시까지 잔업을 한 거야?"라고 추궁하게 됩니다.

이것은 남편을 '몰아넣고' 있는 것이지 사랑하고 있는 것이 아닙니다.

남편의 입장에서 보면, 부인이 잔소리를 하지 않는다면 빨리 집에 올 수 있습니다. 그러나 부인이 마치 탐정처럼 추궁하기 때문에 돌아오려고 해도 돌아올 수가 없는 것입니다.

성숙한 어른으로서 어느 정도는 상대를 자유롭게 해 주어야 하는 면은 있습니다. '각자 프라이버시가 있다'는 것을 알아야 합니다.

'사랑한다' 는 능력은 늘려 갈 수 있다

여러 가지 내용을 서술했는데, 역시 부부든 부모와 자녀간이든, 상대를 독립된 인격으로서 인정하여 성숙된 관계를 맺어서 상대를 사랑하는 것이 중요합니다.

그렇지 않으면 사랑은 오래 가지 않습니다.

'사랑한다' 는 능력도 늘려 갈 수 있습니다.

그것을 위해서는 서로 '성숙한 관계를 만들어 가자' 라고 노력하는 것이 중요합니다.

그리고 사랑이 집착이 되지 않도록 하기 위해서는 의무감을 떠맡기는 것이 아니라, 역시 자연스럽게 솟아나는 애정을 서로 소중히 할 일입니다.

이상으로 사랑의 이야기를 중심으로 행복해지기 위한 한 가지 기술론(技術論)을 서술해 보았습니다. 사랑을 생각할 때의 한 가지 측면으로서 참고가 되었으면 합니다.

'사랑하는 능력'은
늘려 갈 수 있다

작은 일을 기뻐하자

이 세상은

작은 기쁨으로 가득 차 있다.

아침밥을 먹을 수 있다는 것.

스스로 양치질을 할 수 있다는 것.

제대로 배변(排便)을 할 수 있다는 것.

오줌이 많이 나온다는 것.

휠체어를 타지 않고도 걸을 수 있다는 것.

자신의 코와 입으로 숨을 쉴 수 있다는 것.

이 손으로

아이들의 머리를 쓰다듬을 수 있다는 것.

부부가 서로 껴안을 수 있다는 것.

계단을 걸을 수 있고,

햇빛을 받으며

공원을 산책할 수 있다는 것.

그리고
오늘도 일이 있고
직장이 있고
아직도 일할 수 있다는 것.
세상의 도움이 될 수 있다는 것.

아아,
자유롭게 움직일 수 있고,
사람들이 내 존재를 기뻐해 준다는 것은
얼마나 행복한 일인가!

그러므로
작은 일을 기뻐하자.
작은 일에 감사하자.
작은 일에
꿈과 삶의 보람을 느끼자.

How About You?

Part 3

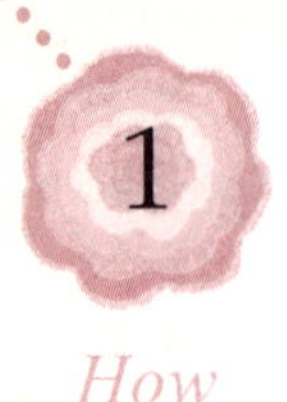

당신은 산뜻하게 살고 있습니까?

*How
About
You?*

본서의 마지막 부분에서 '산뜻하게 산다'는 테마에 대해 생각해 보고자 합니다.

세상에 나와있는 서적이나 필자의 장서(藏書)를 보아도 '산뜻하게 살아간다' 라는 테마로 쓰여진 책은 거의 볼 수 없습니다. 의외로 그런 말을 하는 사람은 그다지 없는 것 같아서 '내가 말할 수밖에 없다' 고 생각하여 이 테마를 골라 보았습니다.

누구라도 푸념이 심한 사람과는 만나고 싶지 않다

역시 사람은 '밝음' 이나 '산뜻함' 을 잊지 않고 살아가고 싶은 법입니다.

'산뜻한 사람' 이 되기 위해 노력해야 할 부분은 무엇일까요? 몇 가지 사항이 있을 것입니다.

여러분이 볼 때 '이런 사람은 산뜻하지 않다' 라고 느껴지는 사람은 어떤 사람인지를 생각해 봅시다.

내 나름대로 '산뜻하지 않은 사람' 을 생각해 보면 우선 '푸념이 심한 사람' 을 꼽을 수 있습니다.

여러분도 푸념이 심한 사람과는 지속적으로 만나고 싶지는 않을 것입니다.

그런 사람이 다른 사람에게 자신의 처지를 동정해 주기를 바라고 사정이 딱하다는 것도 이해는 됩니다. '다른 사람이 내 푸념을 들어 주면 좋겠다' 라는 마음도 이해되지만 만날 때마다 푸념을 듣게 된다면 듣는 사람은 점점 질리게 됩니다.

마음의 '쓰레기'를 흩뿌리는 것은 그만두자

여러분이 '앞으로 지속적으로 만나고 싶다'고 바라는 사람은 밝은 사람일 것입니다. 밝은 사람과 만난다면 자신도 에너지가 솟아오르고 힘이 나기 때문에 만나고 싶어질 것입니다.

그러나 만날 때마다 푸념을 하는 사람이라면 맥이 빠지게 됩니다. 역시 '나는 푸념을 담는 [쓰레기통]으로 취급되고 있는가?'라는 생각이 들게 될지도 모릅니다.

'사람들의 푸념이나 고민을 들어준다'는 일은, 예를 들어 종교 등에서는 큰 사명 중의 하나지만, 쓰레기통을 그렇게까지 크게 만들 수는 없습니다.

마음의 쓰레기를 흩뿌리고 다니는 사람이 있으면, 그것을 따라다니면서 열심히 쓰레기를 수거하는 일을 종교적인 관점이라고는 말할 수 없지만, 오히려 그 사람에 대해 "쓰레기를 흩뿌리고 다니는 것을 그만두지 않겠습니까?"라고 말해 주는 쪽이 적극적이고 효율적이라고 할 수 있습니다.

역시 '쓰레기'를 버리는 사람에게는 그렇게 하지 않기 위한 사고방식을 가르쳐 줄 필요가 있습니다.

푸념은 당신의 마음에 '먹구름' 을 만든다

어떻게 하면 푸념을 하지 않고 지낼 수 있을까요?

그렇게 하기 위해서는 먼저 한 가지 사실을 알아야만 합니다.

푸념을 한다는 것은 종교적으로 어떤 것을 의미하는가 하면, 그것은 '마음에 [먹구름]을 만드는 일이다' 라는 것입니다.

왜 푸념이 나오는 것일까요?

'더욱 더 사람들에게 좋은 말을 듣고 싶다'

'칭찬을 받고 싶다'

'돈을 가지고 싶다'

'지위를 가지고 싶다'

'명예를 가지고 싶다'.

이와 같이 여러 가지 것에 대해 '가지고 싶다, 가지고 싶다, 가지고 싶다, 가지고 싶다…' 라는 마음으로 가득 차 있는데 그것이 손에 들어오지 않기 때문에 푸념이 나오는 것입니다.

'나만 잘 되자' 라고 생각해도…

푸념을 하는 사람은 대개 '다른 사람 탓', '환경 탓' 을 합니다. 그것이 특징입니다.

자신을 탓하며 푸념하는 사람은 거의 없습니다. '내 탓이다'라고 생각하는 사람은 푸념을 하지 않는 법입니다.

'다른 사람의 탓', '환경 탓'을 하면서 '푸념을 흩뿌린다'는 것이 보통입니다. 욕구불만 같다고 할까요, 그런 사람은 많이 있을 것입니다.

다만 푸념을 해서 뭔가 득이 되는 것이 있으면 좋지만 그런 일은 없습니다.

예를 들면, 누군가가 "집안에 쓰레기가 쌓이면 싫으니까"라고 하면서 창문에서 바깥으로 쓰레기를 던져 버린다면 "집안은 깨끗해졌을지라도 마을의 입장에서는 '공해'입니다.

'나만 좋으면 된다'라고 생각해도 결국 마을 전체가 더러워지는 것입니다.

푸념도 또한 똑같습니다.

"푸념을 전부 내다버렸으니까 깨끗해졌다."라고 해서 싫은 것을 눈앞에서 정리해 버린 줄로 알지만 점점 주위가 더러워져서 기분 나쁜 상황이 되어갑니다.

이와 같이 '푸념이란 자기자신의 불성(佛性), 신성(神性)을 더

럽힘과 동시에 다른 사람도 더럽히는 것이 된다' 는 것을 알아주셨으면 합니다.

푸념이 나올 것 같이 될 때는 어떻게든 '푸념은 마음에 먹구름을 만든다. 쓰레기를 흩뿌리는 일이다' 라고 생각해 주십시오.

푸념을 하고 있으면 천상계에서 수호령(守護靈)이나 지도령이 빛을 내려주어도 그 푸념의 먹구름에 의해 마음에 빛이 들어갈 수 없게 됩니다. 그 결과, 자기자신이 어두운 마음인 채 살아가지 않으면 안 되게 됩니다.

또한 푸념을 하는 사람에게는 '친구가 생기는 것이 상당히 어렵다' 는 특징도 있습니다. 그것을 알아주셨으면 합니다.

푸념은 마음에 먹구름을 만들고
'쓰레기'를 흩뿌리는 일이다.

'옛날 이야기'를 하여 '지금'과 비교하고 싶어질 때

푸념을 하게 되는 원인 중에는 물론 육체적인 원인도 있습니다.

인간은 나이가 들면 대개 몸의 상태가 나빠지기 때문에 푸념을 많이 늘어놓게 됩니다. "여기가 아프다. 저기가 아프다"라는 것에서부터 시작되어 불평불만이 쌓이게 되는 것입니다.

그런 사람이 주의해 주셨으면 하는 바가 있습니다.

40세가 넘으면 '과거의 이야기'는 될 수 있으면 하지 않도록 조심합시다. 과거의 이야기를 자꾸 하는 것은 그만두는 편이 좋습니다. "옛날에는 이랬다, 저랬다"라는 이야기는 푸념의 근원이 되기 때문입니다.

"옛날에 내가 젊었을 적에는. 어린 시절에는, 30살 정도에는, 결혼했을 때는, 취업했을 때는, 승진했을 때는 이랬다." 따위로 말하며 과거로 눈을 돌리고 있으면 어쨌든 푸념이 나오기 쉬워집니다.

인생의 ‘내리막길’에도 좋은 일은 있다

40세는 인생의 반환점입니다.

분명히 말한다면 그때까지는 산을 올라왔는데 그 이후는 내려갈 가능성이 있는 포지션(position), 이것이 40세입니다.

그때까지는 대개 무언가의 형태로 올라가는 분위기일 경우가 많았겠지만 거기서부터 뒤는 사실상 내려가기 시작하여 최후에는 ‘저 세상으로’ 가게 됩니다. 그것은 틀림없는 일입니다.

태어나기 전이 ‘등산하기 전’이었다면 생후에 산을 올라간다고 해도 마지막에는 이 세상에서 사라지게 되므로 어디선가 산을 내려가지 않으면 안 되는 것입니다.

‘오르막길일 때는 좋았다’라고 과거 자랑을 해도 현재의 상태는 그렇지 않은 자신을 보고 푸념이 나옵니다. 그것은 슬픈 일입니다.

　그러므로 40세가 넘으면 옛날 이야기는 적당히 하도록 합시다. 그리고 미래를 주시합시다.
　현재는 ‘내리막길’ 일지도 모르지만 내리막길에도 좋은 일은 많이 있습니다.
　내리막길은 오르막길보다 걷기 편합니다.
　또한 ‘집에 돌아갈 수 있다’ 는 것이기도 합니다.
　아시겠습니까?
　집에 돌아갈 수 있다는 것입니다.
　저 세상, 실재계(實在界)는 ‘진정한 집’ 입니다.

　지금은 이 세상에 ‘여행’ 을 나온 것입니다.
　등산을 할 때는 누구나 다 정상을 목표로 하고 있지만 정상에서 계속 내버려지게 되는 것도 큰일입니다. 하룻밤도 지낼 수 없습니다.
　정상에 오르는 것이 목표였다고 해도 역시 집에 돌아가고 싶어질 것입니다.
　‘산을 내려온다’ 는 것은 ‘이제부터 집에 돌아갈 수 있다’ 는 것이므로 좋은 일이 많이 있다는 것입니다.

미래를 주시합시다.
'미래를 보고 밝은 기분으로 살아가자'.
이런 결심을 하는 것이 무척 중요합니다.
40세가 넘으면 과거의 이야기를 너무 많이 하지 않도록 합시다.
이것을 말해두고 싶습니다.

산뜻한 '제2의 인생'을 살아가자

그리고 40세 이상의 사람은 미래의 일을 될 수 있는 한 밝은 눈으로 보고 이야기하도록 합시다.

미래의 일을 밝게 이야기하고 있는 50대, 60대, 70대, 80대의 사람을 보면 젊은 사람들도 '정말 멋지구나' 라고 느끼는 것입니다.

'나도 저렇게 되고 싶다'

'10년 후, 20년 후에는 저런 모습으로 살고 싶다'

'저 세상으로 돌아가는 것이 가까워져도 저렇게 건강하고 밝

게 살아갈 수 있다는 것은 부럽다. 나도 저렇게 살고 싶다'

이렇게 생각이 들게 됩니다.

이것은 일종의 '산뜻하게 사는 법' 이라고 할 수 있습니다.

자기보다도 젊은 사람으로부터 '저 사람처럼은 되고 싶지 않다' 라고 간주되는 삶은 역시 '산뜻하지' 못한 것입니다.

많은 젊은 사람들이 "저런 식으로는 되고 싶지 않다" 따위로 말들을 합니다. 그런 것은 눈앞에서는 말해주지 않기 때문에 본인은 알지 못하지만, 본인이 그 자리에 없으면 말들을 하는 것입니다.

따라서 '미래지향' 으로 살아가 주십시오.

'미래를 밝다고 보자.

[미래는 밝다]고 믿어라.

될 수 있는 한 사물의 밝은 면을 보도록 하자.

푸념을 줄이자'

인생의 절반을 지나면 이런 마음을 가져 주시기 바랍니다.

그것만으로도 확실히 달라집니다.

신기하게도 우선 인기가 생기게 됩니다.

다른 사람이 칭찬을 해주게 됩니다.

"뭔가 저 사람, 아주 열심히 하고 있네."라는 식으로 말을 듣게 되는 것입니다.

그러자 그것이 튜브처럼 '인생의 부력(浮力)'이 됩니다.

"저 사람, 대단한데. 힘내서 열심히 하고 있고 밝은 사람이네. 나이도 적지 않은데, 미래를 주시하고 있네."라는 식으로 평가를 받으면 자기자신도 힘이 솟아나게 됩니다.

그와 같은 삶은 자기한테도 좋은 일입니다.

자신의 푸념을 쓰레기통에 버리는 것처럼 내버리고 싶겠지만 그런 것은 대략 '과거의 유물'입니다.

쓰레기란 이미 써버린 과거의 물건이니까 구애되지 말고 '미래지향'으로 나아가는 것이 중요합니다.

그런 것을 마음에 새겨두셨으면 합니다.

인생의 반 정도를 지났으면
'미래지향'을 명심한다

'열등감'과 '질투심'은 누구라도 가지고 있는 것

그리고 나서 '산뜻하게 살아간다'는 것을 생각할 때, 여러분 인생의 수행에서의 큰 과제로서 '열등감의 극복'과 '질투심의 극복'이라는 두 가지 문제가 있을 것이라고 생각됩니다.

'열등감도 질투심도 전혀 가지고 있지 않다'는 사람은 거의 없습니다.

그런 사람이 있다면 손을 들어 보라고 하고 싶습니다.

역시 없을 거라고 생각합니다.

정도의 차이는 있어도 어떤 사람도 열등감은 있습니다.

다만 그것이 언제나 표면에 나타나 있어서 '저 사람은 열등감이 심하구나' 라는 느낌이 드는 사람은 '산뜻하지' 못하다고 할수 있습니다. 대단히 어두운 느낌이 듭니다.

인간은 '차이' 가 있기 때문에 재미있다

열등감은 '다른 사람과의 비교' 에서 생겨나는 것입니다.
그리고 질투심도 역시 '타인과의 비교' 에서 생겨나는 것입니다.
양쪽 다 그렇습니다.

이 세상에서는 많은 사람들이 함께 살아야만 하지만, 어떤 사람이라도 '어떤 부분은 뛰어나지만 어떤 부분은 뒤떨어졌다' 라는 '요철(凹凸)' 은 있습니다.
모든 사람이 똑같은 '인조인간' 과 같아서 좋을 리가 없습니다.
'전적으로 똑같은 사이즈로 똑같은 성능을 가지고, 수명도 같고 마력도 같다' 고 한다면 그것은 로봇과 똑같습니다. 인간이 그런 것일리는 없습니다.

인간에게는 여러 가지 차이가 있기 때문에 즐겁고 가능성이

있고 재미있습니다

그리고 한 사람의 인간만이라도 재미있지만 '인간과 인간과의 조합' 도 재미있습니다. 다른 타입의 인간끼리의 조합에 의해 여러 가지 일이 생기는 것 또한 멋집니다.

'열등감이나 질투심의 밑바탕에 있는 것은 타인과의 비교' 라고 설했는데, 인간은 타인과 다르다는 것이 당연합니다. 버라이어티(variety, 다양성)가 풍부하기 때문에 세상은 재미있는 것이 아닐까요?

누구나 다 똑같다면 태어난 의미가 없습니다.

다른 사람이 많이 있기 때문에 재미있습니다.

타인들로부터 자극을 받고 절차탁마(切磋琢磨)하면서 살아갈 수 있습니다.

어떤 때에는 스승이 되고 어떤 때에는 제자가 되어, 서로 가르치고 배우면서 살아가기 때문에 인생은 즐거운 것입니다.

열등감은 스스로 극복할 수밖에 없다

그런 것이어서, 열등감이나 질투심이 있어도 분발해서 '광명

전회(光明轉回)’를 할 필요가 있습니다. 노력해서 그것을 어떻게 극복해 가는가 하는 것이 ‘깨달음을 향한 도전’입니다.

열등감이나 질투심을 가지고 있지 않은 사람은 없는데 ‘그것을 어떻게 극복하고 플러스 쪽으로 가져가는가’가 중요합니다.

“나는 열등감을 가지고 있어요. 열등감뿐이며 여기에도 저기에도….”라고 거론해도 해결은 되지 않습니다.

“나는 미인이 아니기 때문에 어떻게든 해주세요.”라는 말을 들어도, 부모님에게 원망하는 소리를 하는 것 정도밖에 할 수가 없습니다.

“키를 앞으로 20센티미터 늘리고 싶다.”고 해도 하이힐을 신을 수밖에 없겠지요.

또 “머리를 좋게 하고 싶다.”고 말해도 그 원인은 과거에 공부를 게을리 했던 것이므로 지금 말해도 소용이 없습니다.

그와 같이 열등감을 타인에게 던져도 소용이 없습니다. 타인에게 이것저것 호소하여 위로를 받으려고 해도 어떻게 할 수 없는 법입니다.

작은 성공을 지속적으로 쌓아 가자

해야 할 일은 스스로 정진(精進)을 해서 작은 성공을 거듭 쌓아서 자신감을 쌓아가는 일입니다.

자신감이 생김으로써 열등감은 희미해져 갑니다. 작은 성공이 거듭 쌓아지면 점점 열등감을 가지고 있는 자기를 생각하지 않게 됩니다.

열등감으로 가득 찬 사람은 역시 불행하겠지요. 하루종일 자신의 열등감에 대해 생각하는 사람은 불행합니다.

그러나 열등감을 생각하는 시간이 차츰 줄어들게 될 때는 어떻습니까?

예를 들어 '저 사람을 어떻게든 해주고 싶다' 라는 식으로 다른 사람의 일을 생각하게 되어 열등감을 잊어버리는 기간이 길어질 때는, 여러분은 행복해져 가고 있는 것이고 성공해 가고 있는 것입니다.

작은 성공을 지속적으로 쌓아가면
열등감은 희미해져 간다.

당신이 질투하는 상대는
실은 '라이벌'

다른 한 가지 과제는 '질투심의 극복'입니다.

'다른 사람과 비교해서 모든 면에서 절대 지지 않는다' 라는 일은 있을 수 없습니다. 무언가가 뛰어나다고 해도 무언가가 뒤떨어진 것입니다.

인간이 질투심을 느끼는 상대란 기본적으로 자신이 관심을 가진 영역의 사람, 요컨대 '자신의 라이벌이 될 것 같은 타입의 사람' 이고, 그 이외의 사람에게서는 느끼지 않습니다.

예를 들어 내가 매일 운동을 하고 있어도 그것은 건강을 위해 하는 정도이기에 '스포츠 선수가 되자' 라고 생각하고 운동을 하는 것은 아닙니다. 내가 '올림픽 선수를 질투한다' 는 일은 있을 수 없습니다. 되려고 생각하지도 않습니다.

'야와라 양' 이라는 애칭으로 불리는 타니 료코(谷亮子) 선수가 유도에서 금메달을 따든 따지 못하든 아무런 질투심도 느끼지 않습니다.

그러나 꽤나 높은 수준의 실력을 가진 전직 스포츠 선수라면 어떨까요?

현역에서 은퇴하고 결혼해서 지금은 엄마가 된 사람이 '야와라 씨는 엄마가 되어도 메달을 따려고 한다' 는 모습을 보면 질투심이 일어나지 않을까요?

'나는 완전히 은퇴했는데 그녀는 아직 현역으로 뛰고 있다.' 라는 생각을 하면서 질투심을 느낄 것입니다.

'질투심을 느낀다' 는 것은 역시 자기가 관심을 가지고 '저렇게 되고 싶다' 라고 바라는 영역의 사람에 대해서입니다. 그런 사람에 대해서 질투를 느끼지만 그 이외의 사람에 대해서는 느끼지 않습니다.

질투심은 자신에게 관심이 있는 영역의 사람에게 느끼는 것입니다.

이 질투심에 대해서도 열심히 마음의 방향을 바꾸지 않으면 행복해질 수 없습니다.

여러분은 질투심으로 이글거리는 사람을 보면 그것이 행복한 모습으로 보입니까? '저 사람은 질투심이 강하구나' 라고 느낄 때 그 사람처럼 되고 싶다고 바라겠습니까?

되고 싶다고 바라지 않을 것입니다.

다른 사람의 모습을 보면 '질투심은 싫다' 라고 느끼지만 그렇게 생각하는 자신도 역시 질투심은 생기는 법입니다.

지금 행복한 사람은 별로 질투를 하지 않는다

질투심에 대해서 여성은 특히 주의해 주십시오.

본서의 Part 1에서도 서술했는데 질투의 마음을 가진 채 본능적으로 내달려 가면 죽어서 '유령' 이 되어 버릴지도 모릅니다.

남성 쪽은 이성이 강하므로 질투심으로 유령이 되는 비율은 적겠지만, 여성은 감정이 가는대로 질투를 표현해서 기분이 좋아지지 않는 일이 많습니다.

질투를 느끼는 상태는 '행복하지는 않은 상태' 입니다.

지금 행복한 사람은 타인에게 질투를 하지 않는 법입니다.

당신의 행복한 정도가 높으면 높을수록 사람에 대해서 질투를 하지 않게 됩니다.

그러나 당신의 불행감각이 강하면 강할수록 사람에 대한 질투심이 강해집니다. 그런 관계가 있습니다.

이와 같이 성공하면 질투심은 사라지게 됩니다.

반대로 실패가 많아지거나 마음에 난 상처가 있거나 하면 질투가 강해지게 됩니다.

‘아무도 성공하지 못하는 세계’ 로 만들지 않기 위하여

만일 자신의 질투심의 깊이를 정당화한다면 어떻게 될까요? 그것은 일찍이 일세를 풍미한 ‘마르크스주의’ 처럼 됩니다. 마르크스주의를 신봉하는 사람들은 성공한 사람을 시샘하는 마음이 강하여 “경영자 등의 부자는 가난한 사람한테서 돈을 빼앗아 자신들은 편하게 살고 있다.”라는 식으로 말하고 있었습니다.

그와 같은 식으로 말하여 자기네들의 질투심을 정당화하는 것입니다.

그러나 가난한 쪽을 긍정하면 결국 위에 있는 사람을 모두 끌어내려서 모두가 가난해질 수밖에 없게 됩니다.

공산주의 국가에서는 거의 그렇게 되었습니다. 모두가 가난해져서 그 결과 '아무도 성공하지 못하는 세계'가 되었습니다.

역시 질투심을 긍정할 수는 없습니다. 만일 인정한다고 한다면 그것은 '건전한 경쟁심'일 것입니다.

'저 사람은 분발하고 있으니까 나도 분발하자'라는 건전한 경쟁심이라면 있어도 좋겠습니다.

다만 그 경쟁심이 질투심의 수준까지 가서 그것을 긍정한다면 '인생에 성공했다'라고 말할 수 없게 됩니다.

사귀고 싶은 사람, 사귀고 싶지 않은 사람

질투심은 어떻게 해도 상대방으로 하여금 느끼게 합니다.

여성이라면 미인이나 좋은 옷을 입은 사람, 수입이 많은 사람에게 질투를 느끼고, 남성이라면 수입이 많은 사람이나 지위가 높은 사람, 고학력인 사람, 훌륭한 부모를 가진 사람에게 질투를 느끼는 일이 많을 것입니다.

'저 사람의 부모는 우리 부모보다도 훌륭하다'는 것은 자신의 힘으로는 바꿀 수 없는 것이므로 '왜 우리 부모는 훌륭하지 않을까? 라고 불만스럽게 느끼는 일이 있을 것입니다.

혹은 '어째서 나는 이렇게 가난한 집에 태어났을까? 저 사람은 저런 큰 부잣집에 태어나서 부럽구나. 우리 집은 [초라한 집]인데 저 사람의 부친은 큰 빌딩의 소유자다' 따위로 생각하거나 합니다.

그러나 그것을 분명하게 소리내어 말하는 성격이라면 그 빌딩의 소유자의 아들과는 절대로 사귈 수 없습니다. 누구라도 자기를 노골적으로 질투하는 상대와는 사귀고 싶지 않기 때문입니다. 그런 사람은 싫은 법이고 멀어지고 싶어집니다.

만일 이글거리는 질투를 느낀다면 그 사람에게서 멀어지는 편이 좋습니다. 그런 사람에게 가까이 가면 불행해지기 때문입니다.

다만 '초라한 집' 의 자녀라도 부잣집과의 차이를 전혀 개의치 않고 소탈하게 사귈 수 있는 사람은 예외입니다.

"자네 부모님은 훌륭하고 자네도 대단하구나. 나도 자네처럼 되고 싶다."라고 분명하게 말할 수 있는 사람이라면 부잣집 아들도 편하게 사귈 수 있습니다.

그렇게 질투를 하지 않는 사람과는 친구가 될 수 있습니다

상대를 자신의 '이상상' 이라고 생각해 본다

또 자신의 용모에 자신(自信)이 없는 사람은 미인에게 질투하는 것이 아니라 친구가 되어 미용법이나 패션 등 '예뻐지기 위한 비결' 이라도 들으면 좋지 않을까요?

경쟁심에서가 아니라 극히 자연스러운 사귐 가운데에서 상대로부터 배운다면 자기도 조금씩 가까워져 갈 가능성이 있습니다. 요컨대 자기가 질투를 느끼는 상대는 사실은 자기자신의 '이상상(理想像)' 입니다.

이상상인 그 사람을 질투하고 있는 한 행복해질 수 없습니다. 그것은 상대에게 '저주의 화살' 을 과녁하는 것과 같습니다.

'저 사람은 교묘하게 하고 있다. 용서할 수 없다'

'돈벌이를 하고 있다. 용서할 수 없다'

'부모가 잘났다. 용서할 수 없다'

등으로 생각하여 저주의 화살로 공격을 하려고 하는 것입니다.

그런 사람은 사귀고 싶지 않은 '종족' 입니다.

그렇게 되어서는 인맥이 만들어지지 않고 덕도 없으므로 '친구는 생기지 않고 지지해 주는 사람도 없다' 는 입장이 되어 버립니다.

이제 질투를 하는 것은 그만두자

노력해서 극복하지 않으면 안 됩니다.

질투심을 극복합시다.

태어나면서부터 질투심이 없는 사람은 없습니다.

본능대로 가면 질투심은 저절로 나옵니다.

우선 '질투심을 가지거나 그것을 증폭시킴으로써 행복해질 수는 없다' 는 사고방식을 아는 것이 중요합니다.

그것을 알았다면 그 지식을 바탕으로 하여 자신의 마음을 컨트롤해 갈 일입니다.

'질투를 해도 행복해지지 않는다.

이제 질투하는 것을 그만두자.

질투를 느끼는 것은 상대가 부럽기 때문이다.

그 사람을 부럽다고 생각하는 이유는

관심이 있는 영역에서 자기보다도 앞선 부분이 있기 때문이다'.

이와 같이 생각할 일입니다.

자신이 그 사람이 되어서 살아갈 수는 없더라도 '그 사람을 이

상으로 삼아 가까이 다가가자' 라고 생각하여 '그 사람의 성공을
축복하자' 라는 마음을 가져야 합니다.

　그렇게 함으로써 여러분은 이상에 가까워질 수 있습니다.

　그런데 그 사람을 질투하여 공격하면 여러분은 이상에서 멀어
져 가게 됩니다.

　지금 국가 전체에서 '양극화 사회' 라고 일컬어지며 일종의 공
산주의 운동과 같은 것이 다시 시작하고 있는 것처럼 여겨집니다.

　이런 상황 속에서 경제적으로 괴로워하는 사람도 있어서 힘들
겠다는 생각이 들기도 하지만 그것을 너무 정당화해도 안 됩니다.

성공한 사람을 축복한다

　양극화 사회 속에서 성공한 사람을 보면 성공의 비결을 배우
고 자기도 가까이 가려고 마음을 전환하는 것이 중요합니다.

　현실에서는 '저 사람은 이익을 쉽게 많이 올리고 있으니까 재
미없다' 라는 질투심이 일어나는 수도 있고, 성공한 사람을 비판
하여 쓰러뜨림으로써 일시적으로 속이 시원해질 수 있을지도 모

르겠습니다. 다만 그런 마음을 지니고서는 정말로 행복해지지는 않습니다.

성공한 사람을 보면 우선 그것을 이상상으로서 축복하는 것이 중요합니다.

그렇다고는 해도 그런 사람에게 "훌륭하군요."라고 말하기는 어려운 일입니다.

예를 들면 어떤 고등학생이 영어 시험에서 60점 밖에 받지 못하여 억울해 하고 있다고 합시다. 그때 100점을 받은 사람을 축복하는 것은 그리 간단하지 않을지도 모릅니다.

'저 사람에게는 좋은 가정교사가 있기 때문일 거다'

'우리 집과는 달리 어머니가 영문과를 나와서 영어를 잘하시는 모양이다'.

무언가 이유를 붙이고 싶어지게 됩니다.

그러나 이때 단순하게 상대의 실력을 인정하여 '저 사람은 대단하구나' 라고 긍정함으로써 자기자신도 그 이상상에 가까이 다가갈 수가 있습니다.

인간은 자기가 이상화하고 긍정하여 축복한 상대에게 반드시 가까워지게 됩니다. 자기가 목표로서 마음에 그리고 있는 사람이나 인생의 목표를 향해 반드시 가까워져 가게 됩니다.

'무엇을 목표로 하는가?'가 중요합니다.

성공자를 끌어내리는 데에 힘을 쏟아서 거기에 열중해서는 안 됩니다. 성공자는 '자신의 목표'이므로 그 방향으로 가까이 다가가야만 합니다.

부디 사고방식을 바꾸어 주십시오.

본심에서 사람을 칭찬한다. 격의 없이 칭찬한다.

그리하여 그 이상상에 가까이 다가간다.

그런 사람은 적어도 "이미 불행한 상태에서 벗어나 있다."고 말할 수 있습니다.

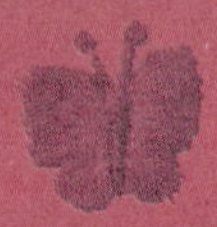

인간은 이상화하고 긍정하여
축복한 상대에게 가까이 다가간다.

사고방식을 바꾸어
'성공의 철도'로 갈아탄다

마음속이 열등감이나 질투심으로 가득 찼을 때는 '자기는 불행한 사람이 되어 있다'는 것을 알아야만 합니다.

반대로 그런 생각이 희미해져 갈 때는 "자기는 성공의 궤도에 올라타 있어서 행복해져 가고 있다."라고 말할 수 있습니다.

특히 젊은이는 순수하고 감수성이 강하기 때문에 열등감이나 질투심을 대단히 크게 느낄 수 있습니다.

열등감이나 질투심을 민감하게 느끼는 사람 중에는, 실은 우수한 사람도 많이 있습니다.

그런 사람은 사고방식을 바꿈으로써 성공의 궤도에 올라탈 수 있게 됩니다.

부디 사고방식을 바꾸어 주셨으면 합니다.

늘 적극적인 삶을

늘 적극적인 삶, 즉 적극적으로 앞을 향하여 미래지향으로 살아갈 수 있는 사람이 되어 주십시오.

난국에 처했을 때 용기를 가지고 결단하여 그것을 초월할 수 있다. 멋지게 완수하여 돌파할 수 있다. 그런 자세로 살아가는 사람을 세상 사람들은 '산뜻하게 살고 있다'고 느끼는 것이 아니겠습니까?

축축하고 어두운 면을 버려서 밝게 살아갈 일입니다. 그런 삶이 산뜻하고 좋습니다.

고뇌하거나 불평을 하거나 헤매거나 하는 요소는 얼마든지 있겠지만 그것을 말해도 소용이 없습니다. 또 그런 사람은 다른 사람도 따라와 주지 않습니다.

자신의 괴로움에 대해서는 적당한 곳에서 '단념'을 해야만 합니다.

'이쯤에서 더 괴로워하는 것은 그만두자'

'죽은 사람은 돌아오지 않으니까 이 이상 후회해도 소용이 없다'

'괴로워하고 있어도 부채는 저절로 없어지지는 않는다. 어떻게든 앞으로 나아가 싸울 수밖에 없다'

이와 같이 결연(決然)한 마음을 가지고 '한 걸음이라도 두 걸음이라도 앞으로 나아가자' 라고 바라는 것이 중요합니다.

그런 사람은 보고 있으면 산뜻하므로 너무나 기분이 좋습니다. 부디 그와 같은 사람이 되었으면 하는 바입니다.

그것은 마음가짐 하나로 될 수 있는 일이며 그렇게 어려운 일은 아닙니다.

자, 마음의 스위치를 켭시다

자, 마음의 스위치를 켭시다.

'밝은 방향' 으로 스위치를 켜는 것입니다.

스위치를 켜면 싹 전등이 켜지고 끄면 꺼집니다. 그뿐입니다.

마음이 어두워져 있기 때문에 밝은 쪽으로 생각을 바꾸십시오.

마음의 열쇠구멍에 열쇠를 꽂아서 밝은 쪽으로 싹 돌리십시오.

그런 밝은 방향에서 살아주십시오.

그것이 '산뜻하게 산다' 는 것입니다.

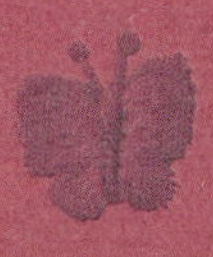

마음의 스위치를 켜서
밝은 방향으로 생각을 바꾸자!

사랑이라는 이름의 알

가슴에 손을 얹고
조용한 마음으로 되새겨 보세요.
여러분은 평생 동안 사랑이라는 이름의 알을,
이 세상에 몇 개나 보낸 적이 있습니까?
태어나서부터 지금까지
다른 사람에게 얼마나 사랑을 주었습니까?
식물이나 동물에게는 얼마나 사랑을 주었습니까?
또 자기자신에 대해서 얼마나 사랑을 주었습니까?
그리고 주께 대하여 얼마나 사랑을 갚았습니까?
나는 여러분에게 이렇게 묻고 싶습니다.

여러분은 이윽고 지상을 떠나 실재계로 돌아가면
스스로의 생애를 주마등처럼 되돌아 볼 때가 옵니다.
그때
'행복의 알로서 사랑을 몇 개 낳았는가?' 를
한 사람 한 사람의 인물과의 관계에서

빠짐없이 보게 됩니다.
즉, 아버지, 어머니, 아내, 남편, 아이,
선생님, 친구, 동료, 상사, 부하 등
여러 사람들에 대하여
사랑이라는 이름의 알을 얼마나 낳았는지
물어보게 됩니다.

행복의 여신을 불러들이기 위해서는
우선 사랑의 알을 낳아야 합니다.
타인을 행복하게 해주어야 합니다.
타인을 행복하게 해주는 가운데
자신의 행복이 있습니다.

요컨대 질투심으로 마음이 가득 차 있다면 지금의 당신은 행복하다고 말할 수 없습니다.

본서는, 사고방식의 스타일을 바꿈으로써, 당신을 누구한테서도 호감을 받고, 행복한 느낌으로 넘친 멋있는 사람으로 바꾸기 위한 마법의 책입니다

'이쯤에서 더 이상 괴로워하는 것을 그만두자' 라고 사고방식을 바꾸어보지 않겠습니까?

동정을 끌어서 비극의 주인공인 척 하는 것은 이제 그만 둡시다. 산뜻하게 살아갑시다.

5월의 바람처럼 불어 지나갑시다.

2009년 5월

행복의 과학 총재 오오카와 류우호오(大川隆法)

본서는 아래의 내용을 정리하여 가필한 것입니다.

Part 1 질투심의 무서움에 대하여
2007년 9월 1일 설법
도쿄도 도쿄 남부지부정사

Part 2 행복해지자
2008년 5월 11일 설법
아이치현(愛知縣) 마츠야마(松山) 지부정사

Part 3 산뜻하게 산다
2007년 9월 20일 설법
후쿠오카현(福岡縣) 후쿠오카 중앙지부정사

칼럼
당신에게 전하는 **말** 1. 『한없이 부드러워라』 145~147페이지
당신에게 전하는 **말** 2. 월간 「행복의 과학」 2005년 2월호
당신에게 전하는 **말** 3. 월간 「행복의 과학」 2005년 9월호
당신에게 전하는 **말** 4. 『사랑에서 기도로』 32~37페이지

하우 어바웃 유

오오카와 류우호오 저작 **참고문헌**

『감화력』 (행복의 과학 출판 간행)

『행복에 이르는 방법』 (위와 같음)

『석가의 본심』 (위와 같음, 가림출판사 간행)

『행복의 혁명』 (위와 같음)

점심시간이면 회사 밖
을 먹는 직원들
에 대해 불
다. 불평을
내게 제안은 부둣가에서 점심을
갔다. 거기서 그녀는 베이글을 씹으며 바다를 바라
신선한 공기

하우 어바웃 유

2010년 11월 30일 제1판 1쇄 발행

지은이/오오카와 류우호오
펴낸이/강선희
펴낸곳/가림출판사

등록/1992. 10. 6. 제4-191호
주소/서울시 광진구 중곡 2동 161-27 경남빌딩 5층
대표전화/458-6451   팩스/458-6450
홈페이지 http://www.galim.co.kr
전자우편 galim@galim.co.kr

값 9,000원

ⓒ 오오카와 류우호오, 2009

ISBN 978- 89-7895-348-1 13320